무량공덕11

무비스님 편저

백팔대참회문

독송(讀誦) 공덕문(功德文)

부처님은 범인(凡人)이 흉내 낼 수 없는 피나는 정진(精進)을 통해 큰 깨달음을 이루신 인류의 큰 스승이십니다. 그 깨달음으로 삶과 존재의 실상(實相)을 바르게 꿰뚫어 보시고 의미 있고 보람된 삶에 대하여 가르치셨습니다.

부처님의 가르침을 전하는 사람을 법사(法師)라고 하는데, 법화경(法華經) 법사품(法師品)에는 다섯 가지 법사에 대하여 설파하고 있습니다. 그 첫째는 경전을 지니고 다니는 사람, 둘째는 경전을 읽는 사람, 셋째는 경전을 외우는 사람, 넷째는 경전을 해설하는 사람, 다섯째는 경전을 사경하는 사람입니다. 이 중 한 가지만 하더라도 훌륭한 법사이며, "법사의 길을 행하는 사람은 부처님의 장엄(莊嚴)으로 장엄한 사람이며, 부처님께서 두 어깨로 업어주는 사람이다.” 라고 말씀하고 있으니 세상을 살아가면서 이보다 더 큰 보람과 영광이 어디에 있겠습니까?

이번에 제작된 〈무량공덕 독송본〉은 항상 지니고 다니면서 읽고 베껴 쓸 수 있는 경전입니다. 부디 많은 분들이 이 인연 공덕에 함께 하시어 큰깨달음 이루시고 행복하시기를 기원합니다.

독송공덕수승행 무변승복개회향
讀誦功德殊勝行 無邊勝福皆廻向(독송한 그 공덕 수승하여라, 가없는 그 공덕 모두 회향하여)

보원침익제유정 속왕무량광불찰
普願沈溺諸有情 速往無量光佛刹(이 세상 모든 사람 모든 생명, 한량없는 복된 삶 누려지이다.)

불기2549(2005)년 여름안거
금정산 범어사 如天 無比 합장

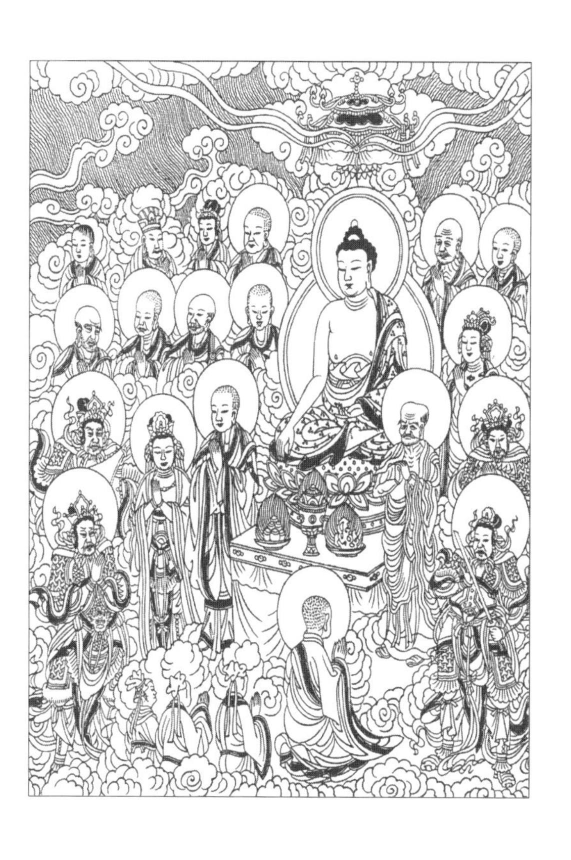

차례

예불대참회문(禮佛大懺悔文)

대자대비민중생(大慈大悲愍衆生) 대희대사제함식(大喜大捨濟含識)

상호광명이자엄(相好光明以自嚴) 중등지심귀명례(衆等至心歸命禮) (일배)

지심귀명례(至心歸命禮) 금강상사(金剛上師) (일배)

귀의불(歸依佛) 귀의법(歸依法) 귀의승(歸依僧) (일배)

아금발심 불위자구인천복보 성문연각
我今發心 不爲自求人天福報 聲聞緣覺

내지권승 제위보살유의최상승 발보리심
乃至權乘 諸位菩薩唯依最上乘 發菩提心

원여법계중생 일시동득 아뇩다라삼먁삼
願與法界衆生 一時同得 阿耨多羅三藐三

보리 (일배)
菩提

지심귀명례 시방 진허공계 일체제불 (일배)
至心歸命禮 十方 盡虛空界 一切諸佛

지심귀명례 시방 진허공계 일체존법 (일배)
至心歸命禮 十方 盡虛空界 一切尊法

지심귀명례 시방 진허공계 일체현성승(일배)
至心歸命禮 十方 盡虛空界 一切賢聖僧

지심귀명례 여래 응공 정변지 명
至心歸命禮 如來 應供 正遍知 明

행족 선서 세간해 무상사조어장부
行足 善逝 世間解 無上士調御丈夫

천인사불 세존(일배)
天人師佛 世尊

지심귀명례 보광불
至心歸命禮 普光佛

지심귀명례 보명불
至心歸命禮 普明佛

지심귀명례 보정불
至心歸命禮 普淨佛

지심귀명례 다마라발전단향불
至心歸命禮 多摩羅跋栴檀香佛

지심귀명례 전단광불
至心歸命禮 栴檀光佛

지심귀명례 마니당불
至心歸命禮 摩尼幢佛

지심귀명례 환희장마니보적불
至心歸命禮 歡喜藏摩尼寶積佛

지심귀명례 일체세간락견상대정진불
至心歸命禮 一切世間樂見上大精進佛

지심귀명례 마니당등광불
至心歸命禮 摩尼幢燈光佛

지심귀명례 혜거조불
至心歸命禮 慧炬照佛

지심귀명례 해덕광명불
至心歸命禮 海德光明佛

지심귀명례 금강뢰강보산금광불
至心歸命禮 金剛牢强普散金光佛

지심귀명례 대강정진용맹불
至心歸命禮 大强精進勇猛佛

지심귀명례 대비광불
至心歸命禮 大悲光佛

지심귀명례 至心歸命禮 자력왕불 慈力王佛

지심귀명례 至心歸命禮 자장불 慈藏佛

지심귀명례 至心歸命禮 전단굴장엄승불 栴檀窟莊嚴勝佛

지심귀명례 至心歸命禮 현선수불 賢善首佛

지심귀명례 至心歸命禮 선의불 善意佛

지심귀명례 至心歸命禮 광장엄왕불 廣莊嚴王佛

지심귀명례 至心歸命禮
금화광불 金華光佛

지심귀명례 至心歸命禮
보개조공자재력왕불 寶蓋照空自在力王佛

지심귀명례 至心歸命禮
허공보화광불 虛空寶華光佛

지심귀명례 至心歸命禮
유리장엄왕불 琉璃莊嚴王佛

지심귀명례 至心歸命禮
보현색신광불 普現色身光佛

지심귀명례 至心歸命禮
부동지광불 不動智光佛

지심귀명례(至心歸命禮) 항복중마왕불(降伏衆魔王佛)

지심귀명례(至心歸命禮) 재광명불(才光明佛)

지심귀명례(至心歸命禮) 지혜승불(智慧勝佛)

지심귀명례(至心歸命禮) 미륵선광불(彌勒仙光佛)

지심귀명례(至心歸命禮) 선적월음묘존지왕불(善寂月音妙尊智王佛)

지심귀명례(至心歸命禮) 세정광불(世淨光佛)

지심귀명례 至心歸命禮
용종상존왕불 龍種上尊王佛

지심귀명례 至心歸命禮
일월광불 日月光佛

지심귀명례 至心歸命禮
일월주광불 日月珠光佛

지심귀명례 至心歸命禮
혜당승왕불 慧幢勝王佛

지심귀명례 至心歸命禮
사자후자재력왕불 師子吼自在力王佛

지심귀명례 至心歸命禮
묘음승불 妙音勝佛

지심귀명례(至心歸命禮) 상광당불(常光幢佛)

지심귀명례(至心歸命禮) 관세등불(觀世燈佛)

지심귀명례(至心歸命禮) 혜위등왕불(慧威燈王佛)

지심귀명례(至心歸命禮) 법승왕불(法勝王佛)

지심귀명례(至心歸命禮) 수미광불(須彌光佛)

지심귀명례(至心歸命禮) 수만나화광불(須曼那華光佛)

지심귀명례 至心歸命禮 우담발라화수승왕불 優曇鉢羅華殊勝王佛

지심귀명례 至心歸命禮 대혜력왕불 大慧力王佛

지심귀명례 至心歸命禮 아축비환희광불 阿閦毘歡喜光佛

지심귀명례 至心歸命禮 무량음성왕불 無量音聲王佛

지심귀명례 至心歸命禮 재광불 才光佛

지심귀명례 至心歸命禮 금해광불 金海光佛

지심귀명례 산해혜자재통왕불
至心歸命禮 山海慧自在通王佛

지심귀명례 대통광불
至心歸命禮 大通光佛

지심귀명례 일체법상만왕불
至心歸命禮 一切法常滿王佛

지심귀명례 석가모니불
至心歸命禮 釋迦牟尼佛

지심귀명례 금강불괴불
至心歸命禮 金剛不壞佛

지심귀명례 보광불
至心歸命禮 寶光佛

지심귀명례(至心歸命禮) 용존왕불(龍尊王佛)

지심귀명례(至心歸命禮) 정진군불(精進軍佛)

지심귀명례(至心歸命禮) 정진희불(精進喜佛)

지심귀명례(至心歸命禮) 보화불(寶火佛)

지심귀명례(至心歸命禮) 보월광불(寶月光佛)

지심귀명례(至心歸命禮) 현무우불(現無愚佛)

지심귀명례 보월불
至心歸命禮 普月佛

지심귀명례 무구불
至心歸命禮 無垢佛

지심귀명례 이구불
至心歸命禮 離垢佛

지심귀명례 용시불
至心歸命禮 勇施佛

지심귀명례 청정불
至心歸命禮 清淨佛

지심귀명례 청정시불
至心歸命禮 清淨施佛

지심귀명례 至心歸命禮
사류나불 裟留那佛

지심귀명례 至心歸命禮
수천불 水天佛

지심귀명례 至心歸命禮
견덕불 堅德佛

지심귀명례 至心歸命禮
전단공덕불 전檀功德佛

지심귀명례 至心歸命禮
무량국광불 無量掬光佛

지심귀명례 至心歸命禮
광덕불 光德佛

지심귀명례 무우덕불
至心歸命禮 無憂德佛

지심귀명례 나라연불
至心歸命禮 那羅延佛

지심귀명례 공덕화불
至心歸命禮 功德華佛

지심귀명례 연화광유희신통불
至心歸命禮 蓮華光遊戲神通佛

지심귀명례 재공덕불
至心歸命禮 才功德佛

지심귀명례 덕념불
至心歸命禮 德念佛

지심귀명례(至心歸命禮) 선명칭공덕불(善名稱功德佛)

지심귀명례(至心歸命禮) 홍염제당왕불(紅염帝幢王佛)

지심귀명례(至心歸命禮) 선유보공덕불(善遊步功德佛)

지심귀명례(至心歸命禮) 투전승불(鬪戰勝佛)

지심귀명례(至心歸命禮) 선유보불(善遊步佛)

지심귀명례(至心歸命禮) 주잡장엄공덕불(周잡莊嚴功德佛)

지심귀명례 보화유보불
至心歸命禮 寶華遊步佛

지심귀명례 보련화선주사라수왕불
至心歸命禮 寶蓮華善住娑羅樹王佛

지심귀명례 법계장신아미타불
至心歸命禮 法界藏身阿彌陀佛

여시등 일체세계 제불세존 상주재세
如是等 一切世界 諸佛世尊 常住在世

시제세존 당자념아 약아차생 약아전생
是諸世尊 當慈念我 若我此生 若我前生

종무시생사이래 소작중죄 약자작 약교
從無始生死以來 所作衆罪 若自作 若教

타작 견작수희 약탑약승 약사방승물
他作 見作隨喜 若塔若僧 若四方僧物

약자취 약교타취 견취수희 오무간죄
若自取 若教他取 見取隨喜 五無間罪

약자작 약교타작 견작수희 십불선도
若自作 若教他作 見作隨喜 十不善道

약자작 약교타작 견작수희 소작죄장
若自作 若教他作 見作隨喜 所作罪障

혹유부장 혹불부장 응타지옥 아귀축
或有覆藏 或不覆藏 應墮地獄 餓鬼畜

생 제여악취 변지하천 급멸려거 여
生 諸餘惡趣 邊地下賤 及蔑戾車 如

시등처(是等處) 소작죄장(所作罪障) 금개참회(今皆懺悔) (일배)

금제불세존(今諸佛世尊) 당증지아(當證知我) 당억념아(當憶念我) 아부(我復)

어제불세존전(於諸佛世尊前) 작여시언(作如是言) 약아차생(若我此生) 약아(若我)

여생(餘生) 증행보시(曾行布施) 혹수정계(或守淨戒) 내지시여축생(乃至施與畜生)

일단지식(일단지식) 혹수정행(或修淨行) 소유선근(所有善根) 성취중생(成就衆生)

소유선근(所有善根) 수행보리(修行菩提) 소유선근(所有善根) 급무상지(及無上智)

소유선근 일체합집 교계주량 개실회향
所有善根 一切合集 校計籌量 皆悉廻向

아뇩다라삼먁삼보리 여과거미래 현재
阿耨多羅三藐三菩提 如過去未來 現在

제불 소작회향 아역여시회향 중죄개
諸佛 所作廻向 我亦如是廻向 衆罪皆

참회 제복진수희 급청불공덕 원성무
懺悔 諸福盡隨喜 及請佛功德 願成無

상지 거래현재불 어중생최승 무량
上智 去來現在佛 於衆生最勝 無量

공덕해 아금귀명례 (일배)
功德海 我今歸命禮

소유시방세계중 所有十方世界中
아이청정신어의 我以淸淨身語意
보현행원위신력 普賢行願威神力
일신부현찰진신 一身復現刹塵身
어일진중진수불 於一塵中塵數佛
무진법계진역연 無盡法界塵亦然

삼세일체인사자 三世一切人師子
일체변례진무여 一切遍禮盡無餘
보현일체여래전 普現一切如來前
일일변례찰진불 一一遍禮刹塵佛 (일배)
각처보살중회중 各處菩薩衆會中
심신제불개충만 深信諸佛皆充滿

각이일체음성해 各以一切音聲海
보출무진묘언사 普出無盡妙言詞
진어미래일체겁 盡於未來一切劫
찬불심심공덕해 讚佛甚深功德海 (일배)

이제최승묘화만 以諸最勝妙華鬘
기악도향급산개 妓樂塗香及傘蓋
여시최승장엄구 如是最勝莊嚴具
아이공양제여래 我以供養諸如來

최승의복최승향 最勝衣服最勝香
말향소향여등촉 末香燒香與燈燭
일일개여묘고취 一一皆如妙高聚
아실공양제여래 我悉供養諸如來

아이광대승해심 我以廣大勝解心

실이보현행원력 悉以普賢行願力

아석소조제악업 我昔所造諸惡業

종신어의지소생 從身語意之所生

시방일체제중생 十方一切諸衆生

일체여래여보살 一切如來與普薩

심신일체삼세불 深信一切三世佛

보변공양제여래 普偏供養諸如來 (일배)

개유무시탐진치 皆由無始貪嗔癡

일체아금개참회 一切我今皆懺悔 (일배)

이승유학급무학 二乘有學及無學

소유공덕개수희 所有功德皆隨喜 (일배)

시방소유세간등
十方所有世間燈

아금일체개권청
我今一切皆勸請

제불약욕시열반
諸佛若欲示涅槃

유원구주찰진겁
惟願久住刹塵劫

소유예찬공양불
所有禮讚供養佛

수희참회제선근
隨喜懺悔諸善根

최초성취보리자
最初成就菩提者

전어무상묘법륜 (일배)
轉於無上妙法輪

아실지성이권청
我悉至誠而勸請

이락일체제중생 (일배)
利樂一切諸衆生

청불주세전법륜
請佛住世轉法輪

회향중생급불도 (일배)
廻向衆生及佛道

원장이차승공덕 회향무상진법계
願將以此勝功德 廻向無上眞法界

성상불법급승가 이제융통삼매인
性相佛法及僧伽 二諦融通三昧印

여시무량공덕해 아금개실진회향
如是無量功德海 我今皆悉盡廻向

소유중생신구의 견혹탄방아법등
所有衆生身口意 見或彈謗我法等

여시일체제업장 실개소멸진무여
如是一切諸業障 悉皆消滅盡無餘

염념지주어법계 광도중생개불퇴
念念智周於法界 廣度衆生皆不退

내지허공세계진 중생급업번뇌진
乃至虛空世界盡 衆生及業煩惱盡

여시사법광무변 원금회향역여시 (일배)
如是四法廣無邊 願今迴向亦如是

나무대행보현보살 (일배)
南無大行普賢菩薩

끝

한글 예불대참회문

대자비로 중생들을 어여삐보셔
대희대사 베푸시어 제도하시고
수승하온 지혜덕상 장엄하시니
저희들이 정성다해 예배합니다 (일배)

지심귀명례 금강상사 (일배)

귀의불 귀의법 귀의승 (일배)

제가이제 발심하여 예배하옵은

제스르로 복언거나 천상에나며

성문연각 보살지위 구함아니요

오직오직 최상승을 의지하옵고

아뇩다라 삼보리심 냄이오이다

원하노니 시방세계 모든중생이

모두함께 무상보리 얻어지이다 (일 배)
(부처님 명호는 생략함)
모든세계 이와같은 제불세존은
어느때나 중생들과 함께하시니
저희들을 이제다시 살펴주소서
저희들의 지난날을 생각하오면
이생으로 저생으로 그먼생으로
시작없는 옛적부터 내려오면서

가지가지 지은죄가 한이없으니
제스스로 혼자서 짓기도하고
다른이를 시켜서 짓게도하며
남이하는 나쁜짓 좋아하였고

탑전이나 삼보도량 갖춘물건도
승물이나 사방승물 가림이없이
제것인양 마음대로 갖기도하고

다른이를 시켜서 훔치었으며
상주물건 훔치기를 좋아하였고
무간지옥 떨어질 오역중죄도
제스스로 혼자서 짓기도하며
다른이를 시켜서 짓게도하며
남이짓는 오역죄 좋아하였고
삼악도에 떨어질 십악죄행도

제스스로 혼자서 짓기도하고
다른이를 시켜서 짓게도하며
남이짓는 십불선 좋아했으니

이와같은 모든죄가 태산같으되
어떤것은 지금에도 생각에남고
어떤것은 아득하여 알수없으나
알든말든 지은죄에 오는과보는

지옥아귀 축생도나 다른악취나
변지하천 멸려차로 떨어지리니
제가이제 지성다해 부처님전에
이와같은 모든죄장 참회합니다 (일배)

이자리를 함께하신 제불세존은
저희들의 온갖일을 다아시오니
대자비심 베푸시어 살펴주소서

제가다시 제불전에 아뢰옵니다

저희들이 옛적부터 모든생중에
보시공덕 지었거나 정계를갖되
축생에게 먹이한입 준일로부터
청정범행 닦고익힌 정생공덕과
중생들을 성취시킨 선근공덕도
무상보리 수행하온 수행공덕도

위없는 큰지혜의 모든공덕도
일체를 함께모아 요량하여서
남김없이 보리도에 회향하옵되
시방삼세 상주하신 부처님께서
지으신바 온갖공덕 회향하듯이
저도또한 그와같이 회향합니다

제가이제 모든죄장 참회하옵고

모든복덕 남김없이 수희하오며
부처님을 청하온 공덕으로써
무상지혜 이뤄지길 원하옵니다
시방삼세 상주하신 부처님들은
시방세계 다함없는 중생들에게
가없고 한량없는 공덕바다로
제가이제 목숨바쳐 절하옵니다 (일배)

가이없는 시방세계 그가운데에
과거현재 미래의 부처님들께
맑고맑은 몸과말과 뜻을기우려
빠짐없이 두루두루 예경하옵되
보현보살 행과원의 위신력으로
널리일체 부처님전 몸을나투고
한몸다시 찰진수효 몸을나투어
찰진수불 빠짐없이 예경합니다 (일배)

일미진중 미진수효 부처님계셔
곳곳마다 많은보살 모이시었고
무진법계 미진에도 또한그같이
부처님이 충만하심 깊이믿으며
몸몸마다 한량없는 음성으로써
다함없는 묘한말씀 모두내어서
오는세상 일체겁이 다할때까지
부처님의 깊은공덕 찬탄합니다(일배)

아름답기
좋은풍류
이와같이
시방삼세
으뜸가는
가루향과
낱낱것을
일체여래

으뜸가는
좋은향수
훌륭하온
부처님께
좋은의복
꽂는향과
수미산의
빠짐없이

여러꽃타래
좋은일산들
장엄구로써
공양하오며
좋은향들과
등과촛불의
높이로모아
공양하오며

넓고크고 수승하온 이내슬기로
시방삼세 부처님을 깊이믿삽고
보현보살 행원력을 모두기울여
일체제불 빠짐없이 공양합니다 (일배)

지난세상 제가지은 모든악업들
무시이래 탐심진심 어리석음이
몸과말과 뜻으로 지었음이라

제가이제 남김없이 참회합니다 (일배)

시방세계 여러종류 모든중생과
성문연각 유학무학 여러이승과
시방세계 부처님과 보살님들의
지니옵신 온갖공덕 기뻐합니다 (일배)

시방세계 계시옵는 세간등불과
가장처음 보리도를 이루신님께

위없는 묘한법문 설하시기를
제가이제 지성다해 권청합니다 (일배)

부처님이 열반에 들려하시면
무량겁을 이세상에 계시오면서
일체중생 이락하게 살펴주시길
있는지성 기울여서 권청합니다 (일배)

부처님을 예찬하고 공양한복덕

오래계셔 법문하심 청하온공덕
기뻐하고 참회하온 온갖선근을
중생들과 보리도에 회향합니다 (일배)

원합노니 수승하온 이공덕으로
위없는 진법계에 회향하오며
이치에도 현상에도 막힘이없고
불법이고 세간이고 걸림이없는

삼보님과 삼매인의 공덕바다를
제가이제 남김없이 회향하오니
모든중생 신어의로 지은업장들
잘못보고 트집잡고 비방도하고
나와법을 집착하여 내던망견들
모든업장 남김없이 소멸되어서
생각생각 큰지혜가 법계에퍼져
모든중생 빠짐없이 건져지이다

허공계가 다하고 중생다하고
중생업이 다하고 번뇌다함은
넓고크고 가이없고 한량없으니
저희들의 회향도 이러지이다 (일배)
나무대행 보현보살 (세번)

대불정능엄신주

스타타가토스니삼 시타타파트람 아파라지탐
프라튱기람 다라니
나맣 사르바붇다보디사트베뱧 나모샆타남 사막
삼붇다 코티남 사스라바카삼가남 나모로케아르
한타남 나모스로타판나남 나모스크르타가미남
나모아나가미남 나모로케사먁가타남 사막프라티

판나남 나모라트나트라 야야 나모바가바테 드르
다수라세나 프라하라나라자야 타타가타야아르하테
사먁삼붇다야 나모바가바테 아미타바야 타타가
타야아르하테 사먁삼붇다야 나모바가바테 악소
바야 타타가타야아르하테 사먁삼붇다야 나모바
가바테 바이사이쟈구루바이투랴 프라바라자야 타
타가타야아르하테 사먁삼붇다야 나모바가바테 삼
푸스피타사렌드라자야 타타가타야아르하테 사

먁삼붇다야 나모바가바테 사캬무나예 타타가타
야아르하테 사먁삼붇다야 나모바가바테 라트나
쿠수마 케투라자야 타타가타야아르하테 사먁삼
붇다야 나모바가바테 타타가타쿠라야 나모바가
바테 파드마쿠라야 나모바가바테 바즈라쿠라야
나모바가바테 마니쿠라야 나모바가바테 가르자
쿠라야 나모데바르시남 나모신다비댜다라남 나
모신다비댜다라르시남 사파누그라하 사마르타남

나모브라흐마네 나모인드라야 나모바가바테 루
드라야 우마파티사헤야야 나모나라야나야 락삼
미사헤야야 팜차마하무드라 나마스크르타야 나
모마하카라야 트리푸라나가라 비드라파나카라야
아디묵토카 스마사나바시니 마트르가나 나망스
크르타야 에뵤 나망스크르트바 이맘 바가바
타 스타타가토스니삼 시타타파트람 마나파라지
타 프라튱기람 사르바데바 나마스크르탐 사르

바데베뺭 푸지탐 사르바데스차 파리파리탐
사르바부타그라하 니그라하카림 파라비댜체다나
카림 두남타남 사트바남 다마캄 두스타남 니
바라님 아카라므르튜 프라사마나카림 사르바반
다 나목사나카림 사르바두스타 두스바프나니바
라님 차투라시티남 그라하사하스라남 비드밤사
나카림 아스타빔사티남 낙사트라남 프라사다나
카림 아스타남 마하그라하남 비드밤사나카림

사르바사트루니바라님 구람 두스바프나남차나사
님 비사사스트라 아그니우다카트라님 아파라
지타구라 마하찬남 마하디프탐 마하테잠 마하
스베람 즈바라 마하바라 스리야판다라바시님
아랴타라 브르쿠팀 체바잠 바즈라마레티 비스
루탐 파드마크맘 바즈라지흐바차 마라체바파라
지타 바즈라단디 비사라차 산타바이데하푸지타
사이미루파 마하스베타 아랴타라 마하바라아파

라 바즈라상카라체바 바즈라코마리 쿠란다리
바즈라하스타차 마하비다 타타캄차나마리카 쿠
숨바라타나체바 바이로차나 쿠다르토스니사 비
즈름바마나차 바즈라카나카 프라바로차나 바즈
라툰디차 스베타차카마락사 사시프라바 이테테
무드라가나 사르베락삼 쿠르반투 마마샤 옴
리시가나 프라사스타 타타가토스니사 훔브룸
잠바나 훔브룸 스탐바나 훔브룸 보하나 훔브

룸 마타나 파라비다 삼박사나카라 훔
브룸 사르바두스타남 스탐바나카라 훔브룸 사
르바약사 락사사그라하남 비드밤사나카라 훔브
룸 차투라시티남 그라하사하스라남 비나사나카
라 훔브룸 아스타빔사티남 낙사트라남 프라사
다나카라 훔브룸 아스타남 마하그라하남 비드
밤사나카라 락사락사 맘 바가밤 스타타가토스
니사 마하프라틍기레 마하사하스라부제 사하스라

시르사이 코티사타사하 스라네트레 아벰다 즈바
리타나타나카 마하바즈로다라 트르부바나 만다
라 옴 스바스티르바바투 마마 라자바야 초라바
야 아그니바야 우다카바야 비사바야 사스트라
바야 파라차크라바야 두루빅사바야 아사니바야
아카라므르튜바야 다라니부미캄파바야 우르카파
타파야 라자단다바야 나가바야 비듀바야 수프
라니바야 약사그라하 락사사그라하 프레타그라

하 피사차그라하 부타그라하 쿰반다그라하 푸
타나그라하 카타푸타나그라하 스칸다그라하 아
파스마라그라하 운마다그라하 차야그라하 레바
티그라하 우자하리냐 가르바하리냐 자타하리냐
지비타하리냐 루디라하리냐 바사하리냐 맘사하
리냐 메다하리냐 마자하리냐 반타하리냐 아수
차하리냐 치차하리냐 테삼사르베삼 사르바그라
하남 비댬친다야미 키라야미 파리브라자카 크

르탐비댭 친다야미 키라야미 다카다키니 크르
탐비댭 친다야미 키라야미 마하파수파티 루드
라 크르탐비댭 친다야미 키라야미 타트바가루
다사헤야 크르탐비댭 친다야미 키라야미 마하
카라 마트르가나 크르탐비댭 친다야미 키라야
미 카파리카 크르탐비댭 친다야미 키리야미
자야카라마두카라 사르바르타 사다나 크르탐비
댭 친다야미 키라야미 차투르바기니 크르탐비

댬 친다야미 키라야미 브름기리티카 난디케스
바라 가나파티 사헤야 크르탐비댬 친다야미
키라야미 나그나스라마나 크르탐비댬 친다야미
키라야미 아르한타 크르탐비댬 친다야미 키라
야미 비타라가 크르탐비댬 친다야미 키라야
미 바즈라파니 크르탐비댬 친다야미 키라야
미 브라흐마크르탐 루드라크르탐 나라야나크르
탐비댬 친다야미 키라야미 바즈라파니 구햐카

디파티 크르탐비댬 친다야미 키라야미 락사락
사맘 바가밤 시타타파트라 나모스투테 아시타
나라르카 프라바스푸타 비카시타타파트레 즈바
라즈바라 다카다카 비다카비다카 다라다라 비
다라비다라 친다친다 빈다빈다 훔훔 파트 파트
스바하 헤헤 파트 아모가랴 파트 아프라티하
타야 파트 바라프라다야 파트 아수라비드라파
카야 파트 사르바데베뱌 파트 사르바나게뱌

파트 사르바약세뱧 파트 사르바락사세뱧 파트
사르바가루데뱧 파트 사르바간다르베뱧 파트
사르바아수에뱧 파트 사르바킨다레뱧 파트 사
르바마호라게뱧 파트 사르바부테뱧 파트 사르
바피사체뱧 파트 사르바쿰반데뱧 파트 사르바
푸타네뱧 파트 사르바카타푸타네뱧 파트 사
르바두르람기테뱧 파트 사르바두스프렉시테뱧 파
트 사르바즈바레뱧 파트 사르바아스마레뱧 파

트 사르바스라마네뱧 파트 사르바티르티케뱧 파
트 사르바운맘데뱧 파트 사르바비다차례뱧 파
트 자야카라 마두카라 사르바르타 사다케뵤
비다차례뱧 파트 차투르바기니뱧 파트 바즈라
코마리 쿠란다리 비다라제뱧 파트 마하프라튱
기례뱧 파트 바즈라상카라야 프라튱기라라자야
파트 마하카라야 마트르가나 나마스크르타야
파트 인드라야 파트 브라흐미니예 파트 루드

라야 파트 비스나비예 파트 비스네비예 파트
브라흐미예 파트 아그니예 파트 마하카리예
파트 로드리예 파트 카란디예 파트 아인드
리예 파트 마트리예 파트 차문디예 파트 카
라라트리예 파트 카파리예 파트 아디묵토카스
마사나 바시니예 파트 예케칱타 사트바 마마
두스타칱타 파파칱타 로드라칱타 비드바이사칱
타 아마이트라칱타 우드파다얀티 키라얀티 만

트라얀티 자판티 조한티 우자하라 가르바하
라 루디라하라 맘사하라 메다하라 마자하라
바사하라 자타하라 지비타하라 마랴하라 바랴
하라 간다하라 푸스파하라 파라하라 사랴하라
파파칱타 두스타칱타 데바그라하 나가그라하
약사그라하 락사사그라하 아수라그라하 가루나
그라하 킨다라그라하 마호라가그라하 프레타그
라하 피사차그라하 부타그라하 푸타나그라하

카타푸타나그라하 쿰반다그라하 스칸다그라하
운마다그라하 차야그라하 아파스마라그라하
다카다키니그라하 레바티그라하 자미카그라하
사쿠니그라하 난디카그라하 람비카그라하 칸타
파니그라하 즈바라 에카히카 드바이티야카
트레티야카 차투르타카 니탸즈바라 비사마즈바
라 바티카 파이티카 스레스미카 산디파티카
사르바 즈바라 시로르티 아르다바베다카 아로

차카 악시로감 무카로감 흐르드로감 카르나수람
단다수람 흐르다야수람 마르마수람 파라스바수람
프르스타수람 우다라수람 카티수람 바스티수람
우루수람 잠가수람 하스타수람 파다수람 사르
방가프라튱가수람 부타베타다 다카다키니 즈바
라다드루칸듀키티 바로타바이 사르파로하링가
소사트라 사가라 비사요가 아그니 우다카 마라
베라 칸타라 아카라 므르튜 트라이무카 트라이

라타카 브르스치카 사르파나쿠라 심하 뱌그라릭
사 타라릭사 차마라지비베 테삼 사르베삼 시타
타파트라 마하바드로오스니삼 마하프라 튱기람
야바드바 다사요자나 뱐타레나 사마 반담 카로
미디사 반담 카로미 파라비댜 반담 카로미 테
조반담 카로미 하스타 반담 카로미 파다 반담
카로미 사르방가 프라튱가 반담 카로미 타댜타
옴 아나레 아나레 비사다 비사다 반다 반다

반다니 반다니 바이라바즈라파니 파트 훔 브룸
파트 사바하 나모스 타타 가타야 수가타야르하
테사먁삼붇다야 시댬투 반트라파다 사바하

대불정능엄신주의 공덕

수능엄경 제7권에 부처님께서 대불정능엄신주를 설하시고 아난에게 말씀하셨다。

「아난아、이 부처님의 정수리광명이 모이어 된 시타타파트라 비밀한 기타 미묘한 글은 십방의 온갖 부처님을 내는 것이니、십방여래가 이 주문으로 인하여 위없는 삼막삼보리를 이루는 것이며 십방여래가 이 주문을 듣고 모든 마를 항복 받고、외도를 이기는 것이며、십방여래가 이 주문을 듣고 보배연꽃에 앉아 미진같은 세계에 들어 가시는 것이며、십방여래가 이 주문을 머금고 미진같은 세계에서 법문을 설하시며、십방여래가 이 주문을 가지고 십방 세계에서 수기를 주시며、십방여래가 이 주문을 의지하여 여러 고생하는 이를 제도하시며、십방여래가 이 주문을 따라 십방국토에서 선지식을 섬기어 공양하고 항하사 여래의 법왕자가 되며、십방여래가 이 주문을 행하여 친한 이와 인연있는 이를 붙들어주시며、소승들로 하여금 비밀한 법문을 듣게 하며、십방여래가 이 주문을 외우사 위없는 정각을 이루시며 십방여래가 이 주문을 전하여 열

반하신 뒤에 불법을 유촉하여 머물러 있게 하며、계율을 청정하게 하시나니、내가 만일 이 주문의 공덕을 다 말하자면 아침부터 저녁까지 그치지 않고 항하사 겁이 지나도록 말하여도 다할 수 없느니라。

이 주문을 여래의 정수리라고도 이름하나니、너희 배우는 사람들이 윤회를 벗어나는 도를 얻고자 하면서도 이 주문을 외우지 아니하고、몸과 마음에 마가 없기를 바라는 것은 옳지 아니하니라。

아난아、만일 여러세계 여러나라에 사는 중생들이 나무껍질이나 잎이나 종이나 천에 이 주문을 써서 간직

할 것이니、설사 외울 수 없거든 몸에 갖거나 방안에 두기만 하여도 독이 이 사람을 해하지 못하니라。

아난아、내 다시 이 주문이 세상 중생들을 구호하며、중생들로 하여금 세간에서 뛰어난 지혜를 이루게 하는 일을 말하리라。내가 열반한 뒤에 말세 중생들이 제가 이 주문을 외우거나 남을 시켜 외우게 하면 이 중생들은 불이 태우지 못하며、물이 빠치지 못하며 독이 해치지 못하며、용이나 하늘 사람이나 귀신이나 마귀의 나쁜 주문들이 건드리지 못하고 마음에 삼매를 얻어서 독한 약과 만물의 독기가 이 사람의 입에 들

어가면 곧 감로로 변할 것이며、 나쁜 귀신들이라도 이 사람에게는 해를 주지 못하며、 항상 이 사람을 보호할 것이니라。

아난아、 이 주문은 팔만사천 나유타 항하사 구지되는 금강장왕보살의 종족들이 밤낮으로 따라다니면서 보호하나니、 설사 어떤 중생이 삼매가 아닌 산란한 때에라도 마음으로 생각하고 입으로 이 주문을 외우면、 이러한 금강왕들이 항상 이 사람을 보호할 것이어든 하물며 보리 마음을 결정한 사람이야 말할 것이 있겠는가。

이 좋은 남자가 이 주문을 읽거나 외우거나 몸에 간직하면 이 사람은 보리심을 처음낼 때부터 부처님몸을 얻을 때까지 세세생생 나쁜 곳에 나지 아니하며、천하고 가난한 곳에도 태어나지 아니 하느니라。

이 중생들이 설사 제 몸으로 복을 짓지 못하였더라도 부처님의 공덕을 얻어 한량없는 겁 동안을 항상 부처님을 떠나지 아니하느니라。

그리하여 계를 파한 사람으로는 계를 청정하게 하며、계를 얻지 못한 이로는 계를 얻게 하며、정진하지 못하는 이로는 정진하게 하며 지혜가 없는 이로는 지혜를 얻게 하며、 재계를 가지지 못하는 이로는 재계를 이루게 하느니라。

아난아、 어떤 중생이 한량없는 옛적으로부터 지은 죄업을 이때까지 한번도 참회하지 못하였더라도、 이 주문을 읽거나 외우거나 써서 가지면、 모든 죄업이 없어질 것이며、 오래지 않아서 무생법인을 얻게 되느니라。

아난아 어떤 사람이 소원이 있어 지극한 정성으로 이 주문을 외우면 소원이 이루어질 것이며、 나라나 지방에 싸움이나 기근이나 질병의 재앙이 있더라도 그 지방에 사는 중생들로 하여금 이 주문을 모시거나 예배하게 하면、온갖 재앙이 모두 소멸하게 되느니라。
그러므로 여래가 이 주문을 일러서 이 다음 세상까지 전하여서 처음으로 마음을 내는 수행하는 이들을 보호하여 삼매에 들게 하며 마의 장난과 전세의 업장이 방해하는 일이 없게 하느니라。
너와 이 세상에서 배우는 이들이나 이 다음 세상에 수행하는 이들은 이 규모대로 수행하여 부모에서 얻은 육신으로 도를 이룰 것이니라。」

회향게 (廻向偈)

상래현전청정중 (上來現前清淨衆) 풍송능엄비밀주 (諷誦楞嚴祕密呪)

회향삼보중룡천 (廻向三寶衆龍天) 수호가람제성중 (守護伽藍諸聖衆)

삼도팔난구리고 (三途八難俱離苦) 사은삼유진첨은 (四恩三有盡霑恩)

국계안녕병혁소 (國界安寧兵革銷) 풍조우순민안락 (風調雨順民安樂)

대중훈수희승진 십지돈초무난사
大衆熏修希勝進 十地頓超無難事

삼문청정절비우 단신귀의증복혜
三門清淨絶非虞 檀信歸依增福慧

시방삼세일체불 제존보살마하살
十方三世一切佛 諸尊菩薩摩訶薩

마하반야바라밀
摩訶般若波羅蜜

한글 회향게

맑고도 깨끗하온 우리대중들
능엄의 비밀주를 높이외우고
삼보님과 용의무리 여러천신과
가람수호 성중들께 회향하오니
삼악도 팔난고를 다벗어나고
사은삼유 빠짐없이 은혜입으며
나라가 편안하여 싸움이없고

바람이 순조로워 백성즐기며
대중들 닦는도업 날로나아가
십지를 뛰어넘어 어려움없고
삼문이 청정하여 근심끊어져
심신단월 귀의하여 복혜받으세
시방세계 삼제의 모든부처님
높으시고 거룩하온 여러보살들
크고큰길 밝게비친 부처님지혜

◈무비(如天 無比)스님

·전 조계종 교육원장
·범어사에서 여환스님을 은사로 출가
·해인사 강원 졸업
·해인사, 통도사 등 여러 선원에서 10여년 동안 안거
·통도사, 범어사 강주 역임
·조계종 종립 은해사 승가대학원장 역임
·탄허스님의 법맥을 이은 강백
·화엄경 완역 등 많은 집필과 법회 활동

▶저서와 역서
『금강경 강의』, 『보현행원품 강의』, 『화엄경』, 『예불문과 반야심경』, 『반야심경 사경』 외 다수.

백팔대참회문

초판 6쇄 발행일 · 2012년 1월 20일
초판 6쇄 펴낸날 · 2012년 1월 25일
편 저 · 무비 스님
펴낸이 · 이규인
편 집 · 천종근
펴낸곳 · 도서출판 窓
등록번호 · 제15-454호
등록일자 · 2004년 3월 25일

주소 · 서울특별시 마포구 합정동 388-28번지 합정빌딩 3층
전화 · 322-2686, 2687 / 팩시밀리 · 326-3218
e-mail · changbook1@hanmail.net
홈페이지 · (http://www.changbook.co.kr

ISBN 89-7453-122-4 03220
정가 5,000원

*파손된 책은 구입하신 서점이나 《도서출판 窓》에서 바꾸어 드립니다.

☞ 염화실(http://cafe.daum.net/yumhwasil)에서 무비스님의 강의를 들을 수 있습니다.